Table

Introduction

Il fallait tout de même être naïf pour croire que, dans des pays arabes, soumis depuis un demi-siècle à des dictatures qui avaient éliminé toute forme d'opposition libérale et pluraliste, la démocratie et la liberté allaient jaillir, en 2011, comme le génie de la lampe par la seule vertu d'un Internet auquel n'a accès qu'une infime minorité de privilégiés de ces sociétés.

Le pouvoir est tombé dans les mains des seules forces politiques structurées qui avaient survécu aux dictatures nationalistes parce que soutenues financièrement par les pétromonarchies théocratiques dont elles partagent les valeurs et politiquement par les Occidentaux parce qu'elles constituaient pendant la guerre froide un bouclier contre l'influence du bloc de l'Est: les forces religieuses fondamentalistes (*freres musulmans et salafistes*)

Et le «printemps arabe» n'a mis que six mois à se transformer en «hiver islamiste». En Tunisie et en Égypte, les partis islamistes, Frères musulmans et extrémistes salafistes se partagent de confortables majorités dans les Parlements issus des révoltes populaires. Ils cogèrent la situation avec les commandements militaires dont ils sont bien contraints de respecter le rôle d'acteurs économiques dominants mais s'éloignent insidieusement des revendications populaires qui les ont amenés au pouvoir.

Constants dans leur pratique du double langage, ils font exactement le contraire de ce qu'ils proclament. En Tunisie, et après avoir officiellement renoncé à inclure la chari'a dans la constitution, ils organisent dans les provinces et les villes de moyenne importance, loin de l'attention des médias occidentaux, des comités de vigilance religieux pour faire appliquer des règlements inspirés de la chari'a.

Ce mouvement gagne progressivement les villes de plus grande importance et même les capitales où se multiplient les mesures d'interdiction en tous genres, la censure des spectacles et de la presse, la mise sous le boisseau des libertés fondamentales et, bien sûr, des droits des femmes et des minorités non sunnites.

Et ces forces politiques réactionnaires n'ont rien à craindre des prochaines échéances électorales. Largement financées par l'Arabie et le Qatar pour lesquels elles constituent un gage de soumission dans le monde arabe, elles ont tous les moyens d'acheter les consciences et de se constituer la clientèle qui perpétuera leur domination face à un paysage politique démocratique morcelé, sans moyens, dont il sera facile de dénoncer l'inspiration étrangère et donc impie.

Eurasie et Grand Moyen Orient

Dans l'entreprise de remodelage du Grand Moyen-Orient, le Qatar joue un rôle de premier plan. Profitant du vide laissé par le déclin des nationalistes, le Qatar ambitionne de se positionner à l'avant-garde du monde arabe en s'appuyant notamment sur les Frères musulmans. Avec ses croyances dans un libéralisme économique débridé, le mouvement apparaît comme un partenaire utile tant pour l'impérialisme occidental que pour son parrain qatari.

L'objet du projet politique qatari consiste a l'exportation tous azimuts du modèle idéologique des Frères Musulmans, à grand renfort de gazodollars. Un modèle qui s'accommode très bien de la version la plus débridée du capitalisme néolibéral prôné par Washington.

Les pétro/gazo-monarchies wahhabites sont aidées dans ce projet par les néo-conservateurs états-uniens, qui voient d'un bon ?il le remodelage du Moyen-Orient sur des bases confessionnelles. Pour ce faire, pas besoin de chercher très loin. Autant utiliser la stratégie la plus efficace de l'histoire des conflits et des conquêtes de territoires, une stratégie qui date au moins de l'Empire romain :

divide ut regnes, ou *divide et impera* («diviser pour régner»). Pas d'états d'âme pour les puissants et les va-t-en guerre, seulement des intérêts, des rêves de conquêtes et de domination.

Brzezinski

L'enjeu géopolitique central est le même depuis le XIXè siècle: contrôler l'Eurasie, carrefour géostratégique entre trois continents où réside une grande part des richesses mondiales. Selon l'influent stratège états-unien Zbigniew Brzezinski (conseiller à la sécurité nationale de Jimmy Carter), le pays ou le groupe de pays qui parviendrait à contrôler l'Eurasie, contrôlerait le monde.

C'est la thèse qu'il expose dans son livre *Le Grand échiquier, L'Amérique et le reste du monde, p*aru en 1997. Il y a près de vingt ans, il exposait déjà une doctrine claire, adoptée depuis par les administrations états-uniennes toutes tendances confondues: *«l'Amérique est désormais la seule superpuissance mondiale, et l'Eurasie la scène centrale de la planète. De ce fait, la redistribution des pouvoirs sur le continent eurasien revêtira une importance capitale pour la suprématie américaine dans le monde et l'histoire future des États-Unis. [...] L'Amérique joue désormais le rôle d'arbitre en Eurasie, et aucun problème d'importance ne saurait trouver de solution sans sa participation ou d'issue contraire à ses intérêts.*

La longévité et la stabilité de la suprématie américaine sur le monde dépendront entièrement de la façon dont ils manipuleront ou sauront satisfaire les principaux acteurs géostratégiques présents sur l'échiquier eurasien et dont ils parviendront à gérer les pivots géopolitiques clés de cette région». Brzezinski ne s'en cache aucunement, l'objectif de la politique extérieure des États-Unis consiste bel et bien à instaurer un *«nouvel ordre international sous tutelle américaine».*

Quelques années après la publication du *Grand échiquier*, les attentats contre le World Trade Center et le Pentagone offrirent à l'administration états-unienne le prétexte tant attendu pour imposer le USA Patriot Act et une surveillance massive des citoyens états-uniens. Les attentats du 11 septembre 2001 furent un *casus belli* opportun, qui permirent aux États-Unis d'intervenir en Afghanistan (2001) et en Irak (2003), puis d'entamer une guerre internationale contre le terrorisme. Un rêve pour le complexe militaro-industriel mondial, qui se frotte les mains et se remplit les poches avec cette manne céleste accordée à perpétuité.

Oded Yinon

C'est dans ce contexte qu'en 2003, un projet de remodelage géopolitique du Moyen-Orient a pris forme sur les tables stratégiques des États-majors de l'armée états-unienne. Ce plan de conquête par la division confessionnelle des pays arabes a été coulé dans une doctrine baptisée «Projet du Grand Moyen-Orient» («Greater Middle East»). Ce projet ne tombe pas du ciel, il reprend dans les grands lignes une stratégie géopolitique théorisée en 1982 dans un article du journaliste israélien Oded Yinon.

L'article fut publié dans la revue *Kivunim* n°14 de février 1982, et diffusée par la World Zionist Organization. Oded Yinon n'était pas seulement journaliste, mais aussi fonctionnaire du ministère israélien des Affaires étrangères. Il préconisait déjà le démembrement de l'Égypte, de la Libye, du Soudan, du Liban, de la Syrie et de l'Irak, afin de garantir la sécurité d'Israël.

Trente ans avant le début de la guerre en Syrie, Oded Yinon écrivait: «l'*éclatement de la Syrie et de l'Irak en régions déterminées sur la base de critères ethniques ou religieux, doit être, à long terme, un but prioritaire pour Israël, la première étape étant la destruction de la puissance militaire de ces États. [...] Les structures ethniques de la Syrie l'exposent à un démantèlement qui pourrait aboutir à la création d'un État chiite le long de la côte, d'un État sunnite dans la région d'Alep, d'un autre à Damas, et d'une entité druze qui pourrait souhaiter constituer son propre État — peut-être sur notre Golan— en tout cas avec l'Houran et le Nord de la Jordanie.*

Un tel État serait, à long terme, une garantie de paix et de sécurité pour la région. C'est un objectif qui est déjà à notre portée. Riche en pétrole, et en proie à des luttes intestines, l'Irak est dans la ligne de mire israélienne. Sa dissolution serait, pour nous, plus importante que celle de la Syrie, car c'est lui qui représente, à court terme, la plus sérieuse menace pour Israël. [...] Une guerre syro-irakienne favoriserait son effondrement de l'intérieur, avant qu'il ne soit en mesure de se lancer dans un conflit d'envergure contre nous. Toute forme de confrontations inter-arabe nous sera utile et hâtera l'heure de cet éclatement.»

Richard Perle

En 1996, le rapport «*A clean break: a new strategy for securing the realm*», remis au Premier ministre israélien Benyamin Netanyahu, reprend les mêmes idées. Il prône notamment le renversement de Saddam Hussein, ainsi qu'une guerre par procuration avec la Syrie. Ce rapport a été rédigé par un groupe d'études issu du think tank israélo-états-unien Institute for Advanced Strategic and Political Studies, dirigé par l'ancien haut fonctionnaire du Département de la Défense des USA Richard Perle.

Le Projet du Grand Moyen-Orient, retravaillé par les stratèges états-uniens dans les années 2000, a été révélé pour la première fois en 2003 lors d'une réunion des néo-conservateurs de l'American Enterprise Institute. Cette doctrine changea de nom l'année suivante lors du sommet du G8 de Sea Island pour prendre celui de Partenariat pour le progrès et un avenir commun avec le Moyen-Orient élargi et l'Afrique du Nord.

Le modus operandi de cette doctrine est simple: fomenter des «révolutions pacifistes» dans des pays dont les gouvernements sont récalcitrants (*nationalistes, socialistes, marxistes, panarabistes, anti-impérialistes, multipolaristes, pro-Russie, pro-Iran, pro-Chine*). Cela afin de diviser les pays arabes et créer une multitude de micro-Etats antagonistes, peu menaçants pour la sécurité d'Israël et pour les intérêts des multinationales étrangères.

Ces «révolutions spontanées» – qui émanent bien entendu de revendications populaires légitimes – peuvent néanmoins être orientées ou récupérées par des fondations états-uniennes «de promotion de la liberté et de la démocratie», parmi lesquelles: la National Endowment for Democracy, la Freedom House, l'Open Society Institute ou encore le Council on Foreing Relations.

Cette stratégie de la déstabilisation et de la balkanisation du Moyen-Orient est parfois surnommée la «Doctrine Bush». Elle permettrait aux États-Unis d'empêcher l'alliance tant redoutée entre l'«arc chiite» producteur ou exportateur de pétrole (Iran / Irak / Syrie / Hezbollah libanais) et le bloc de l'Est «RIC» (Russie / Inde / Chine).

Le Qatar joue un rôle de premier plan dans ce programme néolibéral de remodelage du Moyen-Orient et de déstructuration des États-nations, en exportant le modèle wahhabite des Frères musulmans un peu partout sur la planète.

Tout comme l'Arabie saoudite, le Qatar a voulu s'appuyer sur des groupes islamistes pour contrer l'influence de États nationalistes de la région. Il y a eu, au Moyen-Orient, toute une série d'événements comme la disparition de Nasser, le déclin du mouvement révolutionnaire arabe ou la chute de Saddam Hussein qui ont laissé un vide et contribué à l'essor des pétromonarchies du Golfe. Ces dernières veulent à présent combler le vide et se positionner à l'avant-garde du monde arabe.

L'Arabie Saoudite et plus particulièrement le Qatar ont orienté les événements [de 2011] en Syrie et en Libye, en fournissant un soutien financier, des armes, des combattants, et un soutien diplomatique massif aux auto-proclamés 'Conseils de la transition'».

Ce soutien diplomatique s'est appuyé sur Al-Jazeera comme relais médiatique de la politique étrangère du Qatar. La chaîne de télévision qatarie n'a pas hésité à user de médiamensonges pour servir les intérêts géostratégiques du Qatar, en prenant le parti des «rebelles» libyens et syriens en vue de faire tomber Mouammar Kadhafi et Bachar al-Assad.

Les chaînes de télévision des pays de l'OTAN ont repris ces images sans en vérifier les sources ni recouper les informations (ce qui serait le travail minimum d'un journalisme intègre et professionnel), et ont ainsi participé – consciemment ou non – à la propagande qatarie.

Par ailleurs, Al-Jazeera investit massivement dans les pays européens, notamment en France où elle a acquis une grande partie des droits de retransmission de la Ligue des champions. Il répond à une stratégie plus globale du Qatar qui cherche à augmenter l'influence des Frères musulmans au sein des administrations et des diplomaties des pays occidentaux. Des gazodollars contre de l'influence géopolitique, une recette «win-win».

Dans un article datant de novembre 2012, le journaliste Alain Gresh décrit bien la rivalité entre le Qatar et l'Arabie saoudite. En 2002, le ministre de l'intérieur saoudien de l'époque le prince Nayef accablait les Frères musulmans de tous les maux : «*les Frères musulmans sont la cause de la plupart des problèmes dans le monde arabe et ils ont provoqué de vastes dégâts en Arabie saoudite. Nous avons trop soutenu ce groupe, et ils ont détruit le monde arabe*».

Alain Gresh explique cette aversion du royaume saoudien envers les Frères musulmans par le fait que la confrérie milite en faveur d'une monarchie constitutionnelle basée sur des élections libres, ce qui menace directement la famille royale saoudienne. Il semblerait que «*dans les années 2011-2013, l'avancée des Frères musulmans dans toute la région et la perspective de voir des organisations se réclamant à la fois de l'islam et du suffrage populaire s'installer durablement aux affaires ont provoqué une panique à Riyad. Et, de l'Égypte au Yémen, le régime saoudien a orchestré une contre-révolution, une contre-offensive couronnée, pour l'instant, de succès*».

Cependant, quelques années plus tard et après «la débâcle des

Frères musulmans en Égypte», il semblerait que l'Arabie Saoudite reconsidère ses positions et se rapproche inopinément du Qatar, pour dresser un front uni contre le grand ennemi commun des monarchies wahhabites: l'Iran. Désormais, «*leur objectif prioritaire est de contenir cette «menace» en Irak, en Syrie, au Liban, en Palestine et au Yémen, en faisant notamment appel à l'édification d'un 'front sunnite' contre les 'hérétiques chiites'*».

Ainsi en Syrie, "*sous la direction d'Ankara, avec l'aide du Qatar, un mouvement d'unification des forces islamistes s'est engagé au sein de L'Armée de la conquête, une coalition qui comporte, non seulement les Frères musulmans, mais aussi le Front al-Nosra, l'aile syrienne d'Al-Qaïda*».

Mais d'ailleurs, comment le Qatar exporte-t-il l'idéologie des Frères Musulmans et comment fait-il la promotion du plan de remodelage confessionnel? Avec l'argent, bien sûr. Une manne financière qui provient majoritairement de la production et de l'exportation du gaz présent dans le pays. Ce minuscule État d'à peine 11.000 km² de superficie est le premier exportateur de gaz naturel liquéfi

La Famille

Traité en mode mineur dans les rubriques «pipoles» de la presse occidentale, l'abdication le 25 juin 2013 de l'émir régnant du Qatar, Hamad bin Khalifah, en faveur de son fils Tamim âgé de 33 ans, constitue en fait un véritable séisme politique tant à l'intérieur de l'Émirat que dans l'ensemble du monde arabe.

Rien ne semblait en effet justifier cette transition brutale et inattendue dans une société où le respect de l'âge est fondamental, où les successions s'opèrent normalement par la voie fraternelle et où l'on ne peut s'affranchir de ces contraintes qu'au prix d'un véritable «coup d'État» comme l'avait fait Hamad bin Khalifah contre son propre père en 1995. Et, de fait, «l'abdication» de l'Émir semble avoir été obtenue au terme d'un conseil de famille houleux où la fronde a été menée par la Cheikha Mozah, mère du prince

Tamim, souvent présentée comme le «Père Joseph" du régime qatari.

Le conseil de famille a tranché la question en déposant l'Émir en titre, en limogeant son ministre activiste, en portant au pouvoir un jeune homme connu pour son goût des affaires, ses penchants pro-occidentaux, son peu d'appétence à soutenir le fondamentalisme salafiste et dont on espère bien que, compte tenu de son âge, il sera assez aisé de le contrôler.

Et il est assez significatif de constater que l'une des premières décisions du jeune prince a été d'effectuer des changements voyants à la tête de la chaîne de télévision Al-Jazeera devenue au fil des dix dernières années l'instrument privilégié d'influence, de propagande et d'agitation politique fondamentaliste au service de la politique extérieure de l'Émirat.

C'est l'heure de vérité pour le prince héritier qatari. Le jeune Tamim Ben Hamad Al-Thani qui gérait jusque-là la stratégie sportive de l'émirat et à qui son père avait récemment confié des dossiers plus sensibles, est devenu le nouvel homme fort de cette presqu'île du golfe Arabo-Persique, sortie de l'anonymat en une quinzaine d'années grâce à sa politique d'investissements frénétique et son activisme diplomatique débridé.

Applaudi initialement pour son rôle de sponsor des révolutionnaires, l'émirat est de plus en plus présenté comme un dangereux apprenti sorcier, aux accointances islamistes suspectes. *"Tel père, tel fils",* assure une source officielle qatarie, interrogée sur le contrecoup politique de la succession. *"Tamim poursuivra sur la lancée de Hamad. Il y aura peut-être une différence de style. Mais il ne déviera pas des principes de base de la politique qatarie."* Des constantes qu'un haut fonctionnaire français qui l'a fréquenté résume de cette manière: *"Nous sommes ouverts à l'extérieur, laissez-nous être traditionnels à l'intérieur."*

Certains bons connaisseurs de la famille régnante, qui pointent du doigt le naturel posé et prudent du nouvel émir ainsi que sa relative inexpérience sur la scène internationale, s'attendent cependant, après une phase de transition, à une forme d'assagissement diplomatique. *"Il est respecté, bosseur, mais moins flamboyant que son père"*, soutient un homme d'affaires installé à Doha. *"Il est possible qu'il mette la pédale douce sur des dossiers brûlants comme la Syrie." "C'est un garçon bien élevé et bien dans ses baskets"*, ajoute un autre habitué du Qatar. *"A l'inverse de son père, il n'a pas le complexe du petit qui veut exister parmi les grands."*

Tamim

Né en 1980, Tamim est le deuxième fils du cheikh Hamad et de sa seconde épouse, la cheikha Mozah, la seule qui se montre en public, célèbre pour son élégance altière. Il a été formé comme son père à l'Académie royale de Sandhurst, en Angleterre, (*le Saint-Cyr d'outre-Manche*), très prisée par les élites de la péninsule Arabique. L'instruction prodiguée par une gouvernante algéro-marocaine, amie de sa mère, et les cours d'été que celle-ci l'envoya suivre en France expliquent qu'il parle la langue de Molière en plus de celle de Shakespeare.

Mordu de sport, il pratique le tennis à un bon niveau, grâce aux cours que lui a donné Nasser Al-Khelaïfi, l'actuel patron du Paris-Saint-Germain, qui, avant de s'investir dans le monde du ballon rond, s'intéressait à celui de la petite balle jaune. Des photos, en ligne sur son site officiel, témoignent de ses rencontres, alors qu'il était adolescent, avec Stefan Edberg et Boris Becker, deux gloires du circuit ATP, dans les années 1980-1990. Marié à deux reprises, Tamim est déjà père de six enfants.

C'est à son frère aîné Jassem que la succession devait initialement revenir. Mais jugé plus apte à présider aux destinées du pays, Tamim a été promu prince héritier à sa place en 2003. Il est longtemps resté dans l'ombre de l'émir, comme le veut le protocole, avant de prendre du grade, sous l'impulsion de sa mère, inquiète des menées de l'ambitieux HBJ, le premier ministre.

En tant que "M. Sport" de l'émirat, c'est lui qui a piloté le rachat du PSG et supervisé la campagne pour l'attribution du Mondial de football 2022, deux étapes décisives dans le développement du *soft power* qatari. Il a aussi été chargé du village culturel Katara, bulle de créativité en lisière de la capitale, Doha, et de l'agence de statistiques nationale.

"Ce que l'on sait moins, c'est qu'il a eu un rôle-clé dans la réforme du secteur de l'éducation et de la santé", ajoute un familier des cercles de pouvoir à Doha. *"Il a le bien-être des Qataris. Il sera un émir beaucoup plus impliqué dans les questions intérieures que ne le fut son père."*

Ces dernières années, à mesure que les fidèles de HBJ étaient évincés des postes de pouvoir, parfois sous couvert d'allégations de corruption, le prince héritier a étendu son champ d'action, notamment au suivi des contrats d'armement avec la France et les Etats-Unis.

C'est lui aussi qui, en 2010, a conduit le dialogue stratégique avec l'Arabie Saoudite, menant à un réchauffement des relations avec le géant wahhabite, que l'interventionnisme tous azimuts de Doha a plus d'une fois agacé.

"Les Saoudiens l'apprécient, alors qu'ils détestaient HBJ et regardaient avec méfiance son père", fait remarquer la politologue Fatiha Dazi Héni, spécialiste du Golfe. *"Son accession au pouvoir est une bonne nouvelle pour Riyad."*

Prince héritier, Tamim entretenait de bonnes relations aussi bien avec des figures du courant moderniste, comme le ministre d'Etat Khaled Al-Attiyah, qu'avec des personnalités du clan conservateur, comme Abdallah Ben Nasser Al-Thani, le ministre d'Etat aux affaires intérieures, pressenti pour le poste de premier ministre.

"Tamim est un homme de consensus, il n'est pas dans la provoc', comme l'a été HBJ", analyse Mme Dazi Héni. *"Il aspire à mieux gérer la relation entre une société ultraconservatrice et une élite qui a modernisé le pays au pas de charge pendant dix ans. Une fois qu'il aura pris son envol, il est probable qu'il recentrera l'action du Qatar, sans rompre avec les acquis de son père, mais en jouant davantage la carte de la concertation."*

Le gaz

En 1971, une poche de gaz gigantesque a été découverte, dans le golfe persique, répartie à moitié moitié entre le Qatar et l'Iran. Cette poche, les qataris l'ont nommé North Dome, et les iraniens - l'ont nommée South Pars. Reconnu depuis 1971 en tant qu'Etat indépendant, le Qatar a développé un dense réseau de relations internationales. Etabli sur une petite presqu'île de 11.437 km2, un peu plus grande que la Corse, à l'est de l'Arabie saoudite, son territoire désertique est invivable l'été quand les températures oscillent entre 40 et 50 degrés.

Il compte 1,5 million d'habitants dont 200.000 seulement sont des citoyens qataris. Leur revenu par tête est tout simplement le plus élevé de la planète. Ils ne payent pas d'impôts, disposent de transports et d'un système de santé gratuits et pour la plupart n'ont tout simplement pas besoin de travailler, la main d'oeuvre immigrée est là pour cela.

La vraie raison de la notoriété et du poids économique et politique de ce micro Etat se trouve sous la terre et sous la mer: le pétrole et plus encore le gaz naturel dont ce pays est le troisième producteur au monde. Cela permet au Qatar de gérer le plus grand fonds souverain de la planète, QIA (Qatar Investment Authority), dont les avoirs des différentes entités approchent les 700 milliards de dollars. Les Qataris sont riches à la naissance et assez rapidement inquiets.

Le Qatar détient 20 % des réserves mondiales en gaz. Il est le troisième producteur de gaz naturel après la Russie et l'Iran mais le premier exportateur mondial de gaz liquéfié avec 800.000 barils / jour. Cependant, le Qatar dispose d'une superficie très faible, soit à peine un peu plus qu'un grand département français, ce qui ne lui confère aucune profondeur stratégique.

Il partage avec Iran, héritier du peuple perse, la poche de gaz du North Dome qui s'étend sous le Golfe au-delà de la frontière iranienne, créant une vulnérabilité économique qui impose des relations apaisées entre Doha et Téhéran. Un conflit armé aurait des conséquences dramatiques pour l'émirat.

Solidaire du monde sunnite face au chiisme, Doha est ainsi contraint de composer avec Téhéran. Le 5 septembre 2010, lors de sa cinquième visite en Iran depuis 2005, l'Emir affirme ainsi sa volonté que le Qatar soit parmi les pays du CCG celui qui entretient les meilleures relations avec Téhéran. Dès le mois de mars 2005, un accord de sécurité a même été signé avec l'Iran.

Le Qatar a commencé les forages en 1988, pour passer, à partir de 1996, en phase de production et augmenter progressivement sa capacité de production, au fil des années. L'Iran, du fait du blocus économique qui le frappait, n'a pu commencer l'exploitation de ce champ que bien plus tard, mais rattrape depuis son retard.

De l'autre côté, schématiquement, l'Europe est un gigantesque consommateur de gaz qui ne produit pratiquement rien et doit tout acheter sur le marché international. Les trois grandes sources de gaz qui alimentent l'Europe sont l'Algérie, les champs de la mer du nord (exploités par le Royaume Uni et la Norvège) et la Russie.

La Russie ayant réussi à nouer des liens proches avec l'Algérie, l'Europe vit donc dans une situation de dépendance stratégique permanente vis-à-vis d'une coupure toujours possible du gaz russe qui, si elle était également appliquée par l'Algérie, plongerait l'Europe dans une crise énergétique grave.

La conjonction de ces deux facteurs, d'un côté un Qatar et un Iran producteurs massifs d'un gaz abondant, et de l'autre d'une Europe qui voudrait diversifier ses sources d'approvisionnement énergétiques, tout cela explique le rapprochement entre la France et le Qatar (mais aussi le relâchement du blocus iranien).

Donc, à partir de 2007, Qatar ayant des quantités immenses de gaz à fourguer a commencé à draguer l'État français, s'offrant des clubs de foot, des coupes du monde pour devenir populaire et en substance, monter un projet de gazoduc direct, allant du Qatar, passant par l'Arabie Saoudite, rejoignant la Turquie via la Syrie puis rentrant en Europe par les Balkans.

Le seul problème, c'est qu'entre l'Arabie Saoudite et la Turquie, il n'y a que deux pays, le premier étant l'Irak et le second la Syrie. L'Irak étant en guerre et jugé totalement inadéquat pour y construire un gazoduc, les qataris et les saoudiens ont proposé, en 2009, à Bachar El Assad de construire ce gazoduc sur son territoire.

Bachar El Assad étant allié de la Russie, la Russie lui fit refuser ce transit, puisque ce gaz qatari allait la priver de son arme stratégique contre l'Europe. Assad refusa donc, en conséquence de quoi, en 2011 le Qatar et l'Arabie Saoudite consacrèrent quelques milliards d'euros à la création de milices en Syrie pour entamer un conflit contre Assad, dans l'espoir de le destituer, étant entendu que l'État qui prendrait sa place pourrait être islamiste ou n'importe quoi d'autre, la seule obligation qui lui incomberait, dès sa prise de pouvoir, se résumant à la construction de ce gazoduc.

French Business

Tout cela n'empêche pas nos hommes et nos femmes politiques de se succéder en rangs serrés au Qatar. On peut citer pêle-mêle parmi les habitués des séjours à Doha: Dominique de Villepin, Bertrand Delanoë, Philippe Douste-Blazy, Rachida Dati, Ségolène Royal, Fadela Amara, Claude Guéant, Jean-Louis Debré, Gérard Larcher, Hubert Védrine, Frédéric Mitterrand, Hervé Morin, Jean-Pierre Chevènement, Dominique Baudis, Jack Lang...

Trois semaines après son élection en 2007, le premier chef d'Etat arabe reçu à l'Elysée par Nicolas Sarkozy était l'émir Hamad bin Khalifa al-Thani. Un mois et demi plus tard, le 14 juillet 2007, il assistait au défilé sur les Champs-Elysées au côté du président de la République. Les liens étroits tissés par Nicolas Sarkozy avec l'émir quand il était ministre de l'Intérieur et faisait former les forces de l'ordre qataries ont été fructueux.

Cela s'est traduit, pour la partie visible, par le rôle déterminant du Qatar dans la libération en juillet 2007 des infirmières bulgares détenues en Libye par Kadhafi et plus récemment par la participation symbolique du Qatar à l'intervention militaire occidentale contre le même Kadhafi, seul pays arabe à le faire.

Illustration toutefois du double jeu permanent du Qatar, l'émirat a aussi joué un rôle dans l'affaire al-Megrahi, la libération en août 2009, soi-disant pour raisons médicales, de l'un des auteurs libyens de l'attentat de Lockerbie.

Parmi les actuels et anciens membres du gouvernement, Claude Guéant en tant qu'envoyé spécial de Nicolas Sarkozy, Rachida Dati dont la soeur travaille pour le procureur général du Qatar et Fadela Amara ont multiplié les voyages dans l'émirat. A une époque, quand elle était Garde des sceaux, Rachida Dati se rendait jusqu'à deux ou trois fois par mois au Qatar.

Le Qatar soigne Sarkozy, mais pas seulement: des proches de Chirac (*qui en tant que président de la République s'était rendu 9 fois en visite officielle à Doha*) et des socialistes bénéficient aussi de son attention et de ses faveurs.

Le Qatar est le principal client du cabinet d'avocat de Dominique de Villepin. Le contrat stipulerait que les déplacements de l'ancien Premier ministre de Jacques Chirac à Doha se font dans les avions de l'émir. Ségolène Royal s'est elle vu offrir un dîner en son honneur à l'ambassade du Qatar le 27 mars 2008.

Autre démonstration du poids de l'émirat dans la vie politique française, il a obtenu le vote à l'Assemblée et au Sénat au début de l'année 2008 d'un statut fiscal exorbitant pour ses investissements en France. Les investissements immobiliers ne sont pas imposables sur les plus-values et les résidents qataris en France ne payent pas l'ISF pendant leurs cinq premières années de présence. Le groupe d'amitié entre la France et le Qatar compte 49 députés à l'Assemblée nationale.

Le Qatar a passé des accords de défense avec la France qui assure la formation des marins de sa flotte de guerre et de ses policiers et lui a fourni une grande partie de son matériel militaire, notamment des mirages 2000. Le Qatar a obtenu ou veut obtenir l'ouverture d'antennes à Doha de quelques-unes de nos plus prestigieuses grandes écoles comme HEC, Saint-Cyr ou l'Ecole nationale de la magistrature.

Les grandes entreprises françaises sont évidemment très présentes à Doha, notamment dans la défense et l'énergie: Total, GDF-Suez, EDF, Veolia, Vinci, Air Liquide, EADS, Technip ont raflé des contrats importants. Mais le Qatar est aussi et avant tout un investisseur.

Le fonds souverain du Qatar est actionnaire ou cherche à le devenir, de groupes stratégiques comme Lagardère (*défense et presse*), Veolia environnement (*services collectifs*), Suez (*énergie, services collectifs*), Vinci (*BTP*), et du coté des tentatives répétées CMA CGM (*shipping*) et surtout Areva (*nucléaire*).

La partie qui s'est jouée autour du capital d'Areva illustre bien le poids et l'ambition des Qataris en France et la façon dont ils procèdent et dont leurs réseaux fonctionnent. En l'occurrence, ils ont joué sur les liens étroits et anciens entre Claude Guéant, alors secrétaire général de l'Elysée, François Roussely, président du

Crédit Suisse France et Henri Proglio, PDG d'EDF et proche de Nicolas Sarkozy.

Ces trois hommes se connaissent très bien. François Roussely a précédé Claude Guéant à la direction de la police nationale et Henri Proglio à la présidence d'EDF. François Roussely a été chargé par le gouvernement de rédiger un rapport sur l'avenir du nucléaire et, ce qui ne semble gêner personne, conseille le Fonds souverain du Qatar qui est client et actionnaire du Crédit Suisse et souhaite ardemment entrer dans le capital d'Areva.

Il a fallu une intervention conjointe du Premier ministre François Fillon, de la ministre de l'Economie Christine Lagarde et d'Anne Lauvergeon, la présidente d'Areva, pour empêcher in extremis l'entrée à la fin de l'année 2010 du Qatar dans le capital du fleuron français du nucléaire.

«Avec les Qataris, c'est toujours du donnant-donnant", explique sous le couvert de l'anonymat un Français qui a longtemps vécu au Qatar, connaît bien la famille régnante et a vu défiler à Doha une bonne partie de la nomenklatura française. *Parfois, il y a un grain de sable in extremis comme dans l'affaire Areva, mais c'est l'exception, ils préparent bien leurs coups.»*

L'immobilier donne également une bonne mesure de l'influence qatarie. L'émir possède un palais de 4.000 m2 à Marnes-la-Coquette (Hauts-de-Seine) et l'hôtel d'Evreux, place Vendôme ainsi que deux autres hôtels particuliers attenant. Le fonds souverain détient à Paris des hôtels de luxe (Majestic et Royal Monceau).

Mais ce sont les travaux du frère de l'émir lors de la restauration de l'hôtel Lambert, joyau du XVIIe siècle situé sur l'île Saint-Louis, racheté en 2007 aux héritiers du baron Guy de Rotschild, qui ont fait un peu de bruit. Des travaux considérables et illégaux qui ont provoqué une polémique. Pour y mettre fin, Christine Albanel, alors ministre de la Culture, n'avait pas saisi la Commission nationale des monuments historiques, mais un Comité scientifique créé spécialement.

FIFA 2022

Et pour finir donc le sport et le football qui pour le Qatar semblent être le moyen idéal pour obtenir enfin la reconnaissance et le statut qu'il cherche frénétiquement. Le recrutement de Zinedine Zidane pour plusieurs millions d'euros afin vanter les mérites de la candidature à la Coupe du monde de football de 2022 du plus petit pays au monde l'ayant jamais organisé, qui ne s'est jamais qualifié pour cette compétition et de surcroit à un climat inadapté à la pratique de ce sport en été, a été couronné de succès.

La controverse qui a suivi et les lourds soupçons de corruption de la Fifa n'y ont rien changé. Après le Royaume-Uni, l'Allemagne à son tour vient pourtant de contester le choix du Qatar et demande que la candidature soit rééxaminée. Peu probable.

Qatar Investment Authority (QIA)

En France, le Qatar investit massivement – via notamment le fonds d'investissement souverain de l'émirat du Qatar, le – dans des secteurs clés de l'économie : la finance, les transports, la défense (EADS), la construction (Vinci), l'énergie (Total, Suez Environnement, Veolia Environnement), le luxe (LVMH), le sport (Paris Saint-Germain FC et Paris Saint-Germain Handball), et l'immobilier (hôtels de luxe d'Évreux, Lambert, Kinski, Landolfo-Carcano, Gray d'Albion, de Coislin, le Majestic, le Royal Monceau, le Peninsula, et les immeubles de Virgin Megastore, de HSBC, et du Lido sur les Champs-Elysées).

Au fil des dernières années, le «monarque des sables» a acheté un considérable patrimoine immobilier et financier dans la France de François Hollande.

Il y a quelques temps, Mediapart, le média en ligne d'Edwy Plenel, avait eu accès à certains documents confidentiels permettant d'estimer au plus près l'immense patrimoine accumulé par la famille royale hors des frontières de ce richissime confetti du Golfe. Une mine d'informations, dont l'essentiel n'a jamais été révélé jusqu'ici, qui concernent notamment les sociétés civiles et commerciales détenues en France par l'ancien émir Hamad al-Thani, ses trois épouses et quelques uns de ses 24 enfants.

Une source judiciaire complète le patrimoine révélé par Mediapart. En effet, l'enquête de la rédaction de Mediapart n'était que la partie visible de l'iceberg ou de l'état Qatari qui gangrène la République exemplaire de François Hollande. Car l'ancien émir possède un patrimoine immobilier qui rendrait jaloux Donald Trump. Un patrimoine estimé à plus de 3,5 milliards d'euros par les services de renseignements français.

Il y a non seulement des immeubles de bureaux situés à des adresses prestigieuses, mais aussi des hôtels particuliers parisiens, de nombreux haras, un château d'époque Louis XIV, des villas de luxe et palaces sur la Côte d'Azur.

Les chiffres donnent le tournis à certains services de renseignements français, qui s'interrogent aussi sur des activités moins louables, dont le financement de dangereux prédicateurs salafistes sur le territoire Français.

En effet, entre 1989 et 2015, l'ancien émir du Qatar Hamad ben Khalifat al-Thani, dont les grands-parents gardaient des chèvres dans le désert, a acquis à titre personnel 34 biens ou domaines répartis entre Paris, le sud et l'ouest du pays, d'une valeur globale de 3,5 milliards d'euros. Dix de ces biens, notamment les sept villas de Mouans-Sartoux (Alpes-Maritimes) comptent pour un, idem pour les deux exploitations agricoles situées à Fayence, dans le Var, et correspondent aux propriétés privées du clan. Cet ensemble était estimé par Mediapart à 278 millions d'euros hors dette. De plus, ces acquisitions nécessitent, chaque année, un budget de fonctionnement d'environ 10 millions d'euros.

Les services de renseignements français ont recensé 24 autres biens. Il s'agit d'immeubles et d'hôtels particuliers abritant des bureaux ou des espaces de réception, auxquels s'ajoutent deux hôtels de tourisme, un haras et les grands magasins du Printemps.

Un patrimoine à vocation commerciale dont les services de

renseignement Français ont pu établir le prix actualisé, à partir des états financiers auxquels ils ont eu accès. Le montant final est astronomique: un peu plus de 3,5 milliards d'euros.

Par manque d'informations suffisamment précises sur quatre immeubles parisiens – ceux du 53, 116 et 116 bis de l'avenue des Champs-Elysées, et celui du 232, rue de Rivoli, les enquêteurs français n'ont pu intégrer dans leurs calculs ces milliers de mètres carrés supplémentaires.

Coup d'Etat

La chance avait souri à Hamad al-Thani en 1995. Cette année là, Hamad al-Thani avait «piqué» le trône à son père pendant que ce dernier effectuait un déplacement à Zurich pour passer des examens médicaux. Un coup d'Etat «soft» qui plongea néanmoins le pays dans une belle pagaille budgétaire puisque le cheikh déchu avait «*mis à son nom l'essentiel des avoirs du Qatar, pour les placer dans des paradis fiscaux ou des investissements immobiliers*», racontent les journalistes Christian Chesnot et Georges Malbrunot .

Il faudra attendre neuf ans pour que le père et le fils enterrent la hache de guerre, et que le premier restitue au second les trois-quarts de sa fortune. Historiquement, la séparation entre l'Etat et celui qui le dirige a toujours été moins marquée au Qatar que dans les autres émirats du Golf. Les transferts de fonds entre les caisses publiques et les comptes suisses personnels des émirs était une pratique courante.

Armes

Mais la «coopération» franco-qatari resterait unilatérale si elle s'arrêtait aux investissements massifs du Qatar en France. Dans l'autre sens, c'est la France qui propose au Qatar ce qu'elle a de mieux en matière de savoir-faire: ses armes.

Cette démarche s'inscrit sans doute également dans une logique stratégique qui s'appuie sur l'analyse objective déjà évoquée plus haut. La France apparaît comme une assurance complémentaire de sécurité, à côté du contrat principal souscrit auprès des Américains, dont la fiabilité paraît douteuse tant ils sont suspectés d'être peu enclins à s'opposer aux ambitions de Riyad.

Ces relations s'appuient sur la complémentarité entre le président ambitieux d'un pays de puissance moyenne et membre du Conseil de Sécurité de l'ONU, et le souverain d'un micro-Etat disposant de ressources financières presque illimitées qui cherche à conforter son image et la sécurité de son pays.

Ces liens stratégiques se concrétisent dans le domaine de la défense2, par un accord signé en 1994 et complété en 1998. Ainsi 80% des matériels des armées qataries sont d'origine française tandis qu'un programme de coopération militaire et de sécurité apporte son soutien aux états-majors et à la Force de Sécurité Intérieure (FSI), complété chaque année par des actions de formation dans les écoles militaires françaises.

La France contribue aussi aux projets de création d'une Académie de la FSI et à l'implantation d'une antenne de Saint-Cyr au Qatar. D'autres projets sont envisagés, telle la création d'un hôpital militaire, d'un Centre d' Instruction Naval et d'une école supérieure de guerre. Le Qatar est le 3ème client de la France au Moyen-Orient en matière d'armement ce qui lui confère une importance particulière. Ainsi, l'émir du Qatar a commandé 24 avions de combat Rafale à la France en mai 2015, pour un montant de 6,3 milliards d'euros.

Francophile

En 1995, l'émir Cheikh Hamad est très reconnaissant à la France de son comportement lorsqu'il décide de déposer son père. J. Chirac, nouvellement élu, évite à cette occasion de répondre à la demande du père de l'Emir, d'activer l'accord de défense bilatéral signé en 1994. Cette pratique de la «sourde oreille» par la France facilite le succès du coup de force. Une relation renforcée entre la France et le Qatar émerge qui repose sur des rapports de confiance1, conduisant certains à qualifier l'émirat de «francophile»...

Il n'en reste pas moins que cet intérêt particulier pour la France soulève quelques interrogations auxquelles il peut être apporté des pistes de réponse. Certes, il semble que le quinquennat de N. Sarkozy ait créé des conditions très favorables au développement de relations étroites entre les deux pays du fait de la proximité du président français et de l'Emir, mais cette explication n'est cependant pas suffisante.

Le secteur culturel n'est pas en reste, puisque le Qatar – qui n'est pas connu pour être un pays particulièrement francophone – est entré en 2012 à l'Organisation Internationale de la (OIF) comme membre associé. Sachant le pouvoir diplomatique de l'OIF dans les zones francophones ou francophiles, certains participants au «*se sont inquiétés de l'ambition de ce pays de développer davantage son influence en Afrique de l'Ouest musulmane et notamment de sa propension à financer des écoles religieuses prenant parfois la place d'écoles en langue française*».

Areva – Mali

Un inquiétude justifiée quand on sait que le Qatar a financé les groupes islamistes qui ont pris le contrôle du Nord-Mali début 2012. C'est à la suite de cette offensive jihadiste que la France intervint au Mali en janvier 2013 avec l'Opération Serval, soucieuse de sécuriser les installations nucléaires d'Areva au Niger voisin et de se réserver les énormes ressources dont regorge l'Azawad (or, phosphate, gaz, pétrole, uranium, eau douce).

En effet, alors qu'Areva exploite déjà la mine d'uranium nigérienne d'Arlit (près des frontières avec l'Algérie et le Mali) depuis les années 1970, des explorations 80 kms plus au Sud ont révélé un potentiel inouï: le site d'Imouraren, qui serait l'un des gisements uranifères les plus importants au monde selon Areva. Son exploitation garantirait une manne financière colossale pendant plus de 35 ans, à raison d'une production estimée à près de 5000 tonnes par an, toujours selon Aréva.

Le chantier de mise en exploitation avait été lancé le 4 mai 2009, l'exploitation prévue pour 2012 puis reportée *sine die* suite à la chute des cours de l'uranium et à l'instabilité sécuritaire. On comprend alors l'importance stratégique d'une présence militaire pérenne dans la région sahélienne, pour un pays qui est fort dépendant du combustible uranifère pour alimenter ses centrales nucléaires (environ 70% de l'électricité consommée en France est d'origine nucléaire.

Bref, en formant et en alimentant des groupes terroristes au Nord-Mali, le Qatar, ce «grand ami de la France», accroît son influence dans la région tout en fournissant le prétexte d'un déploiement militaire français à long terme dans toute la zone sahélienne.

Sarko le Qatari

La première rencontre entre l'Emir Cheikh Hamad et N. Sarkozy remonterait à l'époque où ce dernier était ministre de l'Intérieur avant de le revoir en décembre 2005. L'Émir du Qatar fut d'ailleurs le premier chef d'État arabe reçu par N. Sarkozy après son élection en mai 2007, avant même H. Moubarak ou le roi d'Arabie Saoudite, jusque-là traditionnels alliés de la France dans le monde arabe. Il est vrai que le Qatar venait d'acheter 80 Airbus.

Il existe également d'autres raisons que les mobiles économiques à cette proximité entre les deux hommes. Réputé dans le monde arabe comme étant plus sensible à la cause israélienne qu'à celle des Palestiniens, N. Sarkozy a besoin du soutien de pays arabes pour construire une «politique arabe» différente de celle de son prédécesseur et le Qatar constitue un atout dans ce jeu.

Ce pays jouera ainsi un rôle essentiel comme médiateur dans la libération des infirmières bulgares, mais aussi dans la prise en charge du système de compensation destiné à indemniser les familles de Benghazi dont les enfants ont été contaminés par le virus du sida.

Il facilitera la réintégration du président Bachar el-Assad dans la communauté internationale et permettra ainsi un rapprochement entre la France et la Syrie, dans la perspective du projet d'Union pour la Méditerranée. Il s'impliquera aussi dans le dossier du soldat franco-israélien G. Shalit libéré en octobre 2011.

Le Qatar contribuera également, par sa participation aux opérations en Libye, à ce que la France présente la campagne militaire comme soutenue par le monde arabe, critère important pour la communauté internationale.

Plus tard, la livraison d'armes par le Qatar aux insurgés de Benghazi s'est révélée être une modalité plus simple à mettre en oeuvre que l'appel à des démocraties contraintes de rendre des comptes devant leurs parlementaires. Cette complémentarité est officiellement valorisée par le porte-parole du ministère de la Défense qui, à travers le point de presse du 22 mars 2012, vante une coopération opérationnelle réussie et solide.

Hollande

Cette attitude, comme dans d'autres cas, ne contribue pas à affirmer les convictions de la République française. L'accession de F. Hollande à la fonction présidentielle, même si elle a été marquée par une certaine retenue – en rupture avec les relations très personnalisées de son prédécesseur – a été néanmoins accompagnée par des visites précoces au Qatar de l'actuel ministre des Affaires étrangères, L. Fabius.

En novembre 2012, F. Hollande s'est rendu en Arabie saoudite, pour une visite au roi Abdallah certes courte, mais qui semble matérialiser sa volonté de réchauffer des relations que le quinquennat précédent avait négligées au profit du Qatar.

Banlieues

L'implication du Qatar dans le financement des projets de jeunes entrepreneurs des banlieues suscitent de vives passions, car il ne s'agit pas d'un investissement anodin. Il est symptomatique du phénomène de mondialisation, à travers lequel un Etat géographiquement éloigné parvient à tisser des liens avec une communauté en contournant le sacro-saint modèle de l'Etat-Nation qui est clairement en faillite dans nos démocraties occidentales.

C'est du moins ce que laissait présager la première mouture du projet, qui a vu une association d'élus issus de la diversité venir frapper directement à la porte du Qatar. Ce dernier a certainement sauté sur l'occasion pour accroître sa visibilité internationale – ce qui constitue une véritable obsession pour les dirigeants de ce minuscule émirat qui cherche en permanence à soigner son image de marque.

J'ajoute par ailleurs que cet investissement suscite d'autant plus de controverses qu'il intervient clairement dans l'une des fonctions régaliennes de l'Etat, à savoir la politique d'intégration socio-économique des banlieues. Il semble toutefois que les responsables français tentent à présent d'y ajouter une participation de l'Etat ainsi que d'étendre la stratégie de financement à « d'autres départements défavorisés », sans doute pour contrecarrer les accusations de communautariste lié à un projet dont les détracteurs considèrent qu'il vise des zones majoritairement peuplées de citoyens issus de l'immigration arabo-musulmane.

Geopolitique

En février 2010, le Qatar aurait signé un pacte de défense avec la

Syrie et l'Iran tout en ayant sur son sol une base militaire américaine depuis la première guerre du Golfe. Le Qatar a été l'organisateur avec le président syrien Bachar el-Assad, de la visite triomphale de Mahmoud Ahmadinejad, le président iranien, au Liban en juillet 2010.

L'émir du Qatar s'est rendu en Israël lors d'une visite secrète en mars 2010. Et selon toujours des sources Wikileaks, le Qatar fait preuve d'un considérable laxisme concernant le financement du terrorisme à partir de son sol.

C'est une monarchie absolue construite sur une rente. Il n'y a pas de partis politiques et encore moins de démocratie. Le régime de l'émir est fragile même si les révolutions arabes semblent ne pas l'avoir affecté. Il est très difficile d'obtenir des informations sur la tentative de coup d'Etat de juillet 2009. Des militaires de haut rang alliés à une puissance étrangère auraient été arrêtés avant de passer à l'acte.

Le Qatar a bâti sa récente et colossale fortune sur la «monoculture» du gaz naturel. C'est cette fortune qui a permis à l'Émirat au cours des quinze dernières années de gérer son insertion difficile entre deux voisins puissants et dangereux.

Au sud, l'Arabie Saoudite avec laquelle il est en rivalité sur le plan religieux et qui avait juré sa perte, en allant même demander sans succès aux Égyptiens d'en chasser l'Émir manu militari au tournant des années 2000. Au Nord, l'Iran chiite et ses 75 millions d'habitants, foncièrement hostile aux Wahhabites et qui partage avec l'Émirat l'exploitation de la même poche de gaz au fond du Golfe persique, situation à terme lourde de contentieux.

Ainsi menacé, le Qatar a repris à son compte les stratégies mises en euvre par son rival séoudien dans les années 1980: d'une part, se concilier par l'argent et des investissements massifs l'appui politique et la protection armée des grandes puissances militaires d'Occident; et, d'autre part, tenter de faire jeu égal et si possible de supplanter l'Arabie dans le contrôle de l'islam mondial à grand renfort de millions de dollars par le biais des Frères Musulmans et du djihadisme salafiste.

C'est ainsi qu'on a pu voir la patte du Qatar sur tous les théâtres politiques et militaires de l'activisme islamiste, de Gaza au Mali, de la Syrie à la Libye, de la Tunisie à l'Égypte avec la complaisance ignorante, naïve ou intéressée de décideurs occidentaux.

La mise en œuvre de cette politique a été confiée à Hamad ben Jassem, cousin de l'Émir, nommé Premier Ministre en 2003 en sus du poste de Ministre des Affaires Étrangères qu'il occupait depuis 1992, connu à Paris sous l'acronyme familier de «Hachebéji» par le personnel politique français qui, toutes tendances confondues, allait se bousculer servilement à sa porte.

Le problème est que pour constituer sa fortune, le Qatar a consenti des investissements énormes et parfois disproportionnés pour l'extraction et le transport de son gaz naturel. Compte tenu de l'état actuel et des perspectives défavorables d'évolution du marché mondial du gaz, il devenait difficile pour la famille régnante du Qatar d'assurer sa prospérité financière par des placements diversifiés et plus ou moins judicieux dans le monde entier et, dans le même temps, de financer sans retenue l'expression de l'islamisme politique sunnite fondamentaliste dans le monde arabe et musulman.

Les événements des quatre dernières décennies, fondés sur l'acquisition d'une incroyable richesse due bien sûr à ses réserves pétrolières et gazières, vont bouleverser ce pays et faire de cet Emirat un pays très envié mais aussi controversé.

Cependant, le Qatar dispose d'une superficie très faible, soit à peine un peu plus qu'un grand département français, ce qui ne lui confère aucune profondeur stratégique. Un autre handicap est sa démographie. Le pays comprend environ 250000 Qataris autochtones, alors que les expatriés, véritable force de travail du pays, représenteraient quelque 1,7 million de personnes. Ce déséquilibre fragilise la capacité du Qatar à se défendre face à des menaces qui ne motiveront pas forcément cette partie de la population, d'autant plus qu'elle n'est pas traitée de façon égalitaire.

Le Qatar « comparable à un doigt accroché à la côte de l'immense Arabie, et pointé vers l'Iran», doit composer avec le Royaume saoudien qui a noué depuis 1945 une alliance stratégique avec les d'inquiétude pour l'émirat car celui-ci n'a, comme ses autres voisins, d'autres choix que de reconnaître la prééminence régionale de Riyad, qui reste « *le meilleur des intermédiaires pour bénéficier, en cas de besoin, du parapluie militaire américain*».

La sécurité de son pays est rapidement apparue comme une priorité vitale. C'est pourquoi à l'automne 2002 lorsque l'Arabie saoudite refuse d'accueillir des contingents américains alors que les Etats-Unis préparent la guerre d'Irak, le Qatar accepte de recevoir le quartier général du commandement central américain sur son territoire. Dès lors, l'émirat s'emploiera, non plus seulement à composer avec l'Arabie saoudite, mais à se placer comme un acteur de la relation avec les Etats-Unis.

La deuxième préoccupation sécuritaire du Qatar est bien évidemment l'Iran. Il partage avec ce grand pays chiite, héritier du peuple perse, la poche de gaz du North Dome qui s'étend sous le Golfe au-delà de la frontière iranienne, créant une vulnérabilité économique qui impose des relations apaisées entre Doha et Téhéran. Un conflit armé aurait des conséquences dramatiques pour l'émirat.

Salafo-djihadisme

Sur le plan financier d'une part, si certaines ressources apparaissent clairement dans le budget de l'Emirat, une grande partie de l'emploi des revenus gaziers et pétroliers reste difficile à identifier tant la gouvernance de ce pays se confond avec le pouvoir décisionnaire de la famille Al Thani. La redistribution des produits de la rente pétrolière entre l'Emir, sa famille et l'Etat n'est pas connue.

Des moyens financiers considérables servent ainsi leurs intérêts selon des voies qui restent occultes. Rappelons que le Qatar est un Etat wahhabite et très conservateur, qui s'emploie à un prosélytisme déterminé dont la dynamique ne se réduit d'ailleurs pas au monde arabe.

Il apparaît ainsi que le Qatar soutient des factions islamistes dans les crises et les conflits tels ceux en Libye et en Syrie. Lors du conflit en Libye, il a été suspecté d'appuyer les combattants libyens islamistes, notamment par l'envoi de conseillers militaires qataris qui auraient largement promotion d'un régime islamiste.

Profitant des révoltes arabes, ce pays a apporté son soutien aux mouvements salafistes, voire djihadistes, tunisiens et égyptiens. En Tunisie, des témoignages de manifestants affirmant qu'ils avaient reçu des incitations financières provenant d'associations caritatives, réputées soutenues par le Qatar, pour participer à des actions protestataires violentes ont même été recueillis.

Ces assertions, même s'il est difficile d'en apporter la preuve, ont été reprises régulièrement à la fois par la presse mais aussi lors de rencontres et de colloques. Elles semblent suffisamment crédibles pour inquiéter les responsables français quant à l'évolution de la situation sécuritaire, par exemple en Libye, au point que le président français aurait fait part au nouveau pouvoir libyen, à huis clos, de sa réserve sous la forme : «Ne vous laissez pas faire par les Qataris».

Plus récemment encore en juillet 2012, le Qatar est accusé au Nord-Mali d'apporter un soutien financier et militaire aux islamistes radicaux qui sèment le chaos dans le pays. L'Emir, défenseur de l'islam sunnite, a l'ambition d'apparaître comme le fer de lance de tous les combats chers aux musulmans.

Lors d'une conférence internationale sur Jérusalem, dénonçant l'extension du contrôle d'Israël sur le secteur Est de la ville, il a appelé l'ONU à enquêter sur la judaïsation d'Al-Qods. Plus problématique est l'engagement qatari aux côtés des mouvances wahhabites qui soutiennent les mouvements, parmi les plus violents et les moins tolérants, promouvant un islam rigoriste.

La destruction par Ansar Eddine des mausolées de saints à Tombouctou en est un exemple illustratif. C'est pour les mêmes raisons, de lutte contre le culte des saints et d'interdiction de la représentation humaine, qu'ont été détruits tous les mausolées qui existaient en Arabie saoudite, même ceux des compagnons du Prophète mais aussi des mosquées et des sites historiques de l'islam et, en Afghanistan, les Bouddhas de Bamiyan en 2001.

Cette intolérance wahhabite, y compris à l'égard de la diversité musulmane, constitue une réelle menace. Tous ces agissements sont connus des puissances occidentales qui laissent faire, tant la manne gazière et la position du pays dans le Golfe est stratégique.

Cependant le soutien aux mouvements islamistes ne se limite pas à des apports humains et financiers. Il prend aussi la forme d'une promotion médiatique, dans laquelle le rôle d'Al-Jazeera est central. Cette chaîne, créée en anglais, a connu quelques déclinaisons à destination de la Turquie et des Balkans, puis vers certains pays africains en swahili. Aujourd'hui ce sont les pays francophones qui sont ciblés, Al-Jazira prévoyant de créer une chaîne d'information en français depuis Dakar.

Ces diverses actions de l'Emirat dans des régions d'intérêt historique, politique et économique, traditionnel de la France (Maghreb, Proche-Orient etc..) ne sont pas précisément concourantes avec les choix, les attentes et les priorités de notre pays.

Le Qatar, souvent cité comme soutien des mouvements islamistes en Libye, en Tunisie, au Sahel, en Egypte, en Syrie, etc., s'intéresse également aux associations françaises gestionnaires de mosquées et aux centres culturels islamistes en France. On peut alors redouter que le message préconisé en retour d'investissement soit semblable aux discours que nous entendons dans ces pays.

Il ne faut pas oublier que le Qatar a aidé les djihadistes en Libye, les frères musulmans en Égypte et Tunisie. Il s'est servi d'eux comme tremplin vers la victoire aux élections. À partir de ce moment, ils ne sont plus nos alliés, contrairement à ce qu'ils peuvent dire.

Le Qatar et l'Arabie Saoudite financèrent ainsi Al Nosra, branche d'Al Qaïda en Syrie, avec la bénédiction d'Israël qui voyait d'un bon oeil la chute d'El Assad, qui ainsi arrêterait de aider le Hezbollah qui du coup n'aurait plus eu de profondeur stratègique pour continuer de tirer des roquettes sur Israël.

En septembre 2013, excédés par le temps que prenait cette petite guerre coloniale, les USA, la France et le Royaume uni se décidèrent à envoyer une flotte de guerre pour appuyer les rebelles syriens et faire chuter Bachar et son régime.

La Russie, qui ne l'entendait pas de cette oreille, envoya plusieurs navires de guerre s'interposer entre la côte syrienne et la coalition qui allait passer à l'attaque.Il faut ici comprendre que la façon de faire la guerre des USA est très monolithique, codifiée... lorsqu'ils passent à l'attaque, ils le font : avec des missiles tomahawk, qui permettent de détruire les radars à interférométrie et les radars passifs (ceux qui voient les avions furtifs), ce qui permet ensuite d'envoyer l'aviation furtive détruire les défenses anti aériennes et les PC de commandement, ce qui permet ensuite d'envoyer la vague de bombardiers classiques pour inonder les troupes terrestres ennemies de bombes.

Donc, toute la stratégie américaine est basée sur l'attaque première des tomahawk. En septembre 2013, la flotte américaine, avant de lancer le gros de ses tomahawks en a lancé deux, de "reconnaissance" et ils ont eu la très désagréable surprise de les voir tomber dans l'eau, leurs missiles ayant été brouillés par les contre mesures électroniques de la flottille russe.

Donc, alors que la télé nous bombardait avec les explications sur l'attaque qui allait avoir lieu, que Hollande l'avait annoncée publiquement, l'occident a du replier ses billes et rentrer penaud à la maison, puisque l'attaque ne pouvait pas avoir lieu. Et cette guerre annoncée fut oubliée du jour au lendemain par nos médias.

La rupture officielle du lien d'allégeance entre le Front al-Nosra et Al-Qaeda, annoncée simultanément par les chefs des deux organisations terroristes, Mohamed al-Joulani et Ayman al-Zawayri, n'est qu'une simple manoeuvre tactique. Elle vise à contrer l'accord russo-américain par lequel les deux grandes puissances s'engagent combattre le Front al-Nosra en Syrie.

L'annonce de cet accord a semé la stupeur dans les pétromonarchies du Golfe et en Turquie, pays qui soutiennent la branche syrienne d'Al-Qaeda depuis son arrivée en Syrie, en 2012. Depuis, le Front al-Nosra n'a fait que monter en puissance et est devenu aujourd'hui le fer de lance de la rébellion. Dans la région d'Alep, il a éliminé les groupes rebelles soutenus par les occidentaux et récupéré les armes sophistiquées qui leur avaient été confiées: les fameux missiles antichars TOW américains se trouvent aujourd'hui entre les mains du groupe terroriste.

Cela explique donc la volonté américaine de combattre avec la même intensité le Front al-Nosra que l'Etat Islamique, même si cela doit affaiblir la rébellion syrienne. Car, cela ne sert à rien d'éradiquer l'Etat Islamique de Syrie si c'est pour voir le Front al-Nosra le remplacer.

La Turquie, l'Arabie Saoudite et le Qatar s'efforcent depuis des mois de convaincre le Front al-Nosra de couper ses liens d'allégeance avec Al-Qaeda, car cela complique de plus en plus leur soutien vis-à-vis des Etats-Unis. Mohamed al-Joulani s'est donc enfin décidé à faire une déclaration officielle en ce sens. Cependant, lorsqu'on étudie son discours de plus près, on se rend compte qu'il est très nuancé et surtout qu'il ne dit jamais explicitement que le Front al-Nosra rompt ses liens avec Al-Qaeda.

De la même façon Ayman al-Zawahiri, répond à cette déclaration d'une façon tout aussi alambiquée: «*Vous pouvez sacrifier sans hésitation les liens organisationnels si cela met en danger votre unité*», mais cela ne signifie pas que le lien entre le Front al-Nosra et Al-Qaeda soit officiellement rompu.

Après avoir fait l'éloge d'Al-Qaeda dans la première partie de son discours, Mohamed al-Joulani finit par annoncer la création d'un nouveau groupe: «Le Front Fath al-Sham», précisant qu'il n'avait pas d'affiliation avec une organisation externe, sous-entendu Al-Qaeda. L'idéologie salafiste radicale et les méthodes terroristes du groupe ne changent pas.

Les lieutenants de Zawahiri qui aident Mohamed al-Joulani à construire un émirat islamique en Syrie du Nord n'ont pas été expulsés. Nous sommes donc face à un exemple caricatural de dissimulation («taqya») fréquente au sein des organisations terroristes, à titre individuel et collectif, la fin justifiant les moyens. Les médias saoudiens et Qataris jouent le jeu ainsi que tous ceux qui souhaitent la défaite de Bachar el-Assad en Syrie.

La «rupture» entre le Front al-Nosra et Al-Qaeda a été rendue publique la veille de l'offensive de Jaish el-Fatah (L'armée de la conquête), coalition islamiste dirigée par le Front al-Nosra, contre Alep. Le soutien logistique et financier de la Turquie, du Qatar et de l'Arabie Saoudite n'a pas fait défaut cette fois encore. Cela a permis au Front al-Nosra de «briser le siège d'Alep» et d'être présenté comme le libérateur des populations assiégées des quartiers Est de la ville. En fait, le corridor de Ramouseh, ouvert au sud-ouest d'Alep est impraticable, car il demeure sous le feu de l'armée syrienne et les bombardements de l'aviation russe.

Les opposants au régime syrien devraient pourtant se souvenir qu'Hillary Clinton, lorsqu'elle était ministre des Affaires étrangères, n'a pas hésité à placer sur la liste des organisations terroristes le Front al-Nosra (le 20 novembre 2012), avant même qu'Ayman al-Zawayri ne rende publique sa filiation (novembre 2013), car elle considérait qu'il s'agissait d'une émanation d'Al-Qaïda en Irak qui s'était déplacé en Syrie.

A l'époque, cette mesure avait été très mal accueillie par la Coalition Nationale Syrienne, la Turquie, les pétromonarchies du Golfe et même la France, qui par la voix de Laurent Fabius avait déclaré: *«Le Front al Nosra fait du bon boulot en Syrie contre Assad et donc il est difficile de les désavouer»*.

Il faut préciser que François Hollande avait déjà ordonné à la DGSE de livrer des armes aux rebelles syriens, en dépit de l'embargo européen et du risque qu'elles ne se retrouvent entre les mains des djihadistes. Si le groupe socialiste à l'Assemblée Nationale ne bloquait pas la création d'une commission d'enquête parlementaire sur le sujet, nous pourrions peut-être savoir si ces armes françaises n'auraient pas aidé le Front al-Nosra à faire du «bon boulot»? Mais puisque ce dernier vient de se refaire une virginité ses fournisseurs pourront prétendre que c'est grâce à ce soutien logistique qu'il a abandonné al-Qaïda.

Fréres Musulmans

Lors de la réunion de la Coalition nationale syrienne qui s'est tenue en Turquie pour décider du remplacement de Moaz al-Khatib, son nième chef démissionnaire, c'est le candidat de l'Arabie Séoudite, Ahmad Assi Jarba - que ses adversaires n'hésitent pas à présenter comme «le candidat Bandar» (le prince Bandar, *«chef des services spéciaux séoudiens»*) - qui a été élu aux dépens de son rival

Mustafa Sabbagh jusque là soutenu par les Qataris.

Dans le même temps, Ghassan Hitto, premier ministre du gouvernement provisoire rebelle, imposé par Hamad ben Jassem en mars 2013 lors du sommet de Doha, préférait présenter sa démission. Et il fait peu de doute que la «défection» qatarie se traduira rapidement sur le terrain par des évolutions défavorables aux groupes djihadistes déjà fortement éprouvés.

L'onde de choc s'étend jusqu'au Maroc où le vieux parti bourgeois conservateur de l'Istiqlal qui avait accepté d'entrer dans un gouvernement de coalition avec le Parti «Justice et bienfaisance» (*l'émanation locale des Frères sortis vainqueurs avec une majorité relative des dernières législatives*), a rompu le pacte de gouvernement en faisant démissionner ses ministres et en initiant une crise qui devrait déboucher sur de nouvelles élections.

Elle s'étend aussi dans le monde islamique où s'exerçait l'activisme qatari. Le bureau de représentation des Talibans afghans ouvert à Doha a précipitamment fermé sans qu'on sache très bien s'ils ont préféré partir d'eux même ou s'ils ont été discrètement «invités» à déguerpir.

En Turquie où le Premier Ministre Erdogan et le parti AKP, stimulés politiquement et sans doute financièrement par le Qatar, assistaient dans tous les domaines la rébellion syrienne et jouaient sur tout le pourtour méditerranéen la carte du soutien aux Frères et aux régimes islamistes, se retrouvent seuls au milieu du gué alors que se développent les difficultés intérieures illustrées par les récents débordements de la place Taksim.

Les conséquences d'une interruption annoncée des ingérences qataries devraient se faire sentir rapidement dans le reste du monde arabe. En particulier en Tunisie où la fin du soutien inconditionnel au parti En-Nahda pourrait contraindre ce dernier soit à transiger sur ses principes islamistes, soit à ouvrir plus largement le champ politique à des forces moins connotées sur le plan religieux. Ailleurs, notamment en Libye et surtout à Gaza, l'avenir semble plus incertain et plus sombre.

En Libye parce que les groupes salafistes qui rivalisent pour le contrôle du terrain y disposent de sources de revenus qui peuvent leur permettre de survivre sans aide extérieure. À Gaza parce que l'interruption de la manne qatarie qui s'était substituée il y a un an de façon massive aux assistances concurrentes mais plus modestes de l'Arabie et de l'Iran ne manquera pas de susciter une redistribution sans doute violente des cartes du pouvoir au sein du Hamas.

Dans tous les cas, l'enseignement le plus clair du coup d'État feutré de Doha est que l'islamisme politique, sa domination sociale, son influence culturelle, son expression djihadiste violente existent d'abord et avant tout par l'assistance financière qu'il reçoit des pétromonarchies wahhabites et par la cécité, la tolérance, la complaisance, voire le soutien politique que ces monarchies «achètent» auprès des puissances occidentales. France en tête….

Yusuf Al Qaradawi

Vedette d'Al-Jazira, le télécoraniste égyptien Youssef al-Qaradawi a longtemps été le meilleur porte-voix des Frères Musulmans. Mais ses positions tranchées commencent à agacer le Qatar, où il a trouvé refuge en 1970.

Entre Abou Dhabi et Doha, la tension est montée d'un cran. Au coeur de la discorde: l'Égypte. Si le Qatar soutient mordicus les Frères musulmans du Caire et d'ailleurs, les Émirats arabes unis, en harmonie avec l'Arabie saoudite, appuient le gouvernement intérimaire formé par le maréchal Abdel Fattah al-Sissi. Une position inacceptable pour le cheikh Youssef al-Qaradawi, prédicateur sunnite d'origine égyptienne et Frère revendiqué, exilé au Qatar depuis 1970, qui officie chaque vendredi sur Al-Jazira.

Lors d'un prêche à la mosquée de Doha sur les événements en cours en Égypte, Qaradawi a jeté l'anathème sur les Émirats. Leur faute selon lui: faire entrave à une gouvernance islamique.

Retransmise à la télévision qatarie une semaine plus tard, cette "provocation" a déclenché une nouvelle crise diplomatique entre les deux voisins. Anwar Gargash, le ministre émirati des Affaires étrangères, a illico convoqué Fares al-Nuaimi, l'ambassadeur du Qatar, tandis qu'Abdullatif Ibn Rashid al-Zayani, le secrétaire général du Conseil de coopération du Golfe, est monté au créneau pour dénoncer "de fausses accusations qui servent les ennemis de la nation islamique".

Passé quatre fois par la case prison en Égypte, proche des Frères musulmans dont il épouse les idées et les luttes, Qaradawi s'est davantage illustré, ces dernières années, par des prêches douteux – notamment antisémites, antichiites ou anti-impérialistes – que par ses réflexions théologiques lors de son émission, *La charia et la vie*.

"C'est un excellent prêcheur, mais qui devient un peu gâteux, si je puis dire. Son autorité est de plus en plus contestée et son influence régresse. Il pourrait bien devenir encombrant pour le Qatar", analyse Yves Gonzalez-Quijano, chercheur au Groupe de recherches et d'études sur la Méditerranée et le Moyen-Orient (Gremmo, à Lyon).

Les positions tranchées du "global mufti", en cour auprès de l'émir-père Hamad Ibn Khalifa Al Thani, commenceraient en effet à déranger – sinon à agacer – son successeur, le jeune Tamim Ibn Hamad. Longtemps considéré par Doha comme un outil du soft power, Qaradawi a été sollicité pour servir la diplomatie du Qatar.: pour réchauffer les relations avec l'Algérie et oeuvrer à la réconciliation nationale avec les islamistes, pour appeler à la mort de Kadhafi sur Al-Jazira pendant la guerre, pour soutenir la rébellion islamiste en Syrie et convaincre la Jabhat al-Nosra de renoncer au label Al-Qaïda. Ces dernières années,

il a porté à sa manière des messages, donné le ton et transposé la doctrine diplomatique qatarie à sa large audience. Mais les temps ont changé : Khaled al-Attiyah, le ministre des Affaires étrangères, a récemment souligné que les positions du religieux ne traduisaient pas la politique étrangère de l'émirat.

Interdit au Royaume-Uni et aux États-Unis, indésirable en France, où l'ancien président Nicolas Sarkozy avait refusé qu'il assiste à la 29e Rencontre annuelle des musulmans de France, en avril 2012, Qaradawi semble passé de mode. Le 18 février 2011, le télécoraniste était retourné au Caire, pour la première fois, afin de diriger la prière sur la place Al-Tahrir. Il revendique une part de paternité, souvent moquée, des mouvements de contestation qui ont à la fois renforcé les Frères musulmans et démontré leur incapacité à gouverner. Aujourd'hui, le régime militaire égyptien demande son expulsion du Qatar

Une lettre au Hollande

Dans un document remis à l'ambassade française à Doha, l'imam appelle la France et les États européens à «promulguer des lois protégeant le sacré». «*En effet, il est illogique que les lois interdisent l'outrage des individus et se taisent au sujet de l'outrage des Prophètes*» argumente l'imam qui réclame que «le législateur français qui a pu promulguer une loi incriminant l'antisémitisme» promulgue «*une loi incriminant l'outrage des religions, des prophètes et du sacré*».

Youssef al-Qaradawi, dans un autre registre, affirme la totale condamnation des actes terroristes commis à Paris contre le siège du journal *Charlie hebdo* et présente ses condoléances pour la mort des citoyens français assassinés. Il appelle les musulmans à «*condamner également les actes terroristes avec tous les moyens pacifiques et légaux*», précisant que «*la communauté musulmane mondiale ne pourrait accepter l'outrage de ses rites et de ses choses sacrées.* »

Le théologien musulman énonce « *les causes et les motivations qui alimentent le terrorisme, à savoir, l'absence de l'égalité humaine, la provocation des sentiments religieux, la négligence du droit des palestiniens à la création d'un État*» et dénonce «*les crimes perpétrés par les Israéliens contre les Palestiniens* » ainsi que les régimes en place en Syrie et en Égypte.

Youssef al-Qaradawi préside également le Conseil européen de la fatwa et de la recherche, une organisation qui considère que la charia est la norme absolue pour tous les musulmans.

Même si le Qatar appelle à la chute du président syrien Bachar al-Assad, l'émirat n'entend tout de même pas cautionner les délires de son prédicateur qui réclamait le « *meurtre de tous les fonctionnaires syriens, de tous les soldats de l'armée régulière (...) et en général tous ceux qui soutiennent le pouvoir syrien* ». Youssef Qaradawi ne fait pas dans la dentelle: selon lui, il faut tuer tous les Alaouites, ce groupe religieux musulman, au pouvoir à Damas, rattaché à l'islam chiite.

Pour Youssef Qaradawi, il ne s'agit pas d'attentats-suicides, mais d'«opérations-martyrs», considérant que ces opérations «sont l'arme que Dieu a donnée aux pauvres pour combattre les forts. C'est une compensation divine». Au départ, le théologien cautionnait les opérations-suicides du Hamas contre Israël. Non seulement, ceux qui les accomplissent « ont considérés comme des martyres», mais il n'y a pas de civils israéliens innocents.

Car, en Israël, «tous, hommes et femmes, sont soldats. Ils sont dans leur totalité des troupes d'occupation». Quant aux enfants ou aux personnes âgées tués dans les opérations, ils ne sont pas visés directement. Ce ne sont que des victimes collatérales, en raison des nécessités absolues de guerre. Et les nécessités absolues « lèvent les interdictions ».

Curieusement, les diatribes de Youssef Qaradawi ne paraissent guère préoccuper outre mesure la Fédération des organisations islamiques en Europe, et notamment l'Union des organisations islamiques de France (UOIF). Au contraire, elles le présentent comme un savant prestigieux, qui cherche à promouvoir un islam du «juste milieu». Qaradawi a créé en 1997 à Londres le Conseil européen de la Fatwa et de la Recherche, qui prodigue sur le Vieux Continent des conseils pouvant faciliter la pratique des prescriptions de l'islam dans le cadre européen.

Les représentants des musulmans n'ont sans doute jamais entendu les propos tenus par le prédicateur le 30 janvier 2009 sur AlJazeera :«*Tout au long de l'histoire, Allah a imposé [aux juifs] des personnes qui les punissaient de leur corruption. Le dernier châtiment a été administré par Hitler. C'était un châtiment divin*"

Tariq Ramadan

Ce Conseil, qui accueille une trentaine de "savants", est ouvert à des oulémas ne résidant pas en Europe. Il a ainsi longtemps ouvert ses portes au Tunisien Rachid Ghannouchi. Alors que Tariq Ramadan se présente comme un réformateur de l'islam, capable de jeter les ponts d'un dialogue serein des civilisations entre l'Orient et l'Occident, il n'a pas hésité à demander à Qaradawi de parrainer son Centre de recherche sur la législation islamique et l'éthique (CILE), créé en 2012 au Qatar.

DGSE

Cette autorisation de tuer ne s'adresse pas qu'aux Palestiniens, le Alain Juillet, ancien directeur en DGSE, explique que "*On a vu poindre une polémique lorsque le Qatar a créé un fonds d'investissement pour donner leurs chances à de petites sociétés créées par les gens issues des banlieues. Certains se sont demandés si cette aide n'allait pas être subordonnée à une obligation de pratique d'un islam rigoriste. C'est cela qui a effrayé les gens. Evidemment, si c'était le cas ce serait très contestable. Mais jusqu'à maintenant, on n'a jamais vu quelqu'un se plaindre des investissements réalisés par le Qatar dans les entreprises françaises.*

Il ajoute que "*Le Qatar est un Etat Wahhabite qui a parallèlement une politique d'expansion économique par des investissement lourds dans les pays occidentaux et une politique de promotion de l'Islam. Ce n'est un secret pour personne. Le Qatar nie et dément. Il faut faire attention à ce qui est dit et faire la part des choses. D'autres pays ont intérêt à déstabiliser le Qatar et à le désigner comme bouc émissaire.

Au Mali, il y a plusieurs formes de pratique de l'islam qui s'affrontent. L'islam d'Ansar Dine n'est pas le même que celui d'Aqmi, du MUJAO, ou du MNLA. Personne n'a jamais dit que le Qatar soutenait AQMI. Bien au contraire. C'est plus compliqué que ce qu'on veut en dire. La preuve, à un moment on a vu des gens d'Ansar Dine dire qu'ils pourraient discuter. Ce n'est pas du tout la même position qu'AQMI ou que le MUJAO qui se spécialise dans le rapt d'Européens et les trafics en tous genres.

C'est vrai qu'il y a aussi, dans l'entourage de l'émir, des gens qui veulent promouvoir le Wahhabisme au niveau international parce qu'ils considèrent que c'est leur devoir. On a connu le même problème avec l'Arabie saoudite par le passé. Cela n'a pas empêché les Etats-Unis de travailler avec eux. Si les Etats-Unis ont pu travailler avec les Saoudiens, je ne vois pas pourquoi les Européens et les francais ne pourraient pas travailler avec les Qataris.

Aujourd'hui, je ne suis plus dans le renseignement mais le rôle des services reste de collecter des informations sur ce qui se passe dans les autres pays pour éclairer les responsables politiques dans leurs décisions. C'est vrai dans le monde entier. Après, entrent en jeu des intérêts conjoncturels et à plus long terme. Si le partenariat stratégique avec le Qatar a survécu à l'alternance politique, c'est bel et bien parce que nous y avons un intérêt commun. Dans une même famille, on peut s'entendre très bien et partager beaucoup d'idées tout en étant pas d'accord sur certaines autres, cela fait partie du jeu.

Corse/Sisco

L'ancien sous-directeur de la Direction Générale de la Sécurité Extérieure (DGSE), Pierre Siramy, a accusé le Qatar de rémunérer les avocats des trois Marocains mis en cause dans la violente rixe de Sisco. «*Selon mes sources, les trois avocats qui se sont portés volontaires pour assurer la défense des Marocains, connus pour des petits délits de droit commun, pourraient être, effectivement, rémunérés par le Qatar*», a déclaré M. Siramy dans un entretien accordé à Corse Matin. «*Ces avocats défendent très souvent des musulmans. Chacun peut le vérifier*», a-t-il ajouté.

Selon l'ancien sous-directeur de la DGSE, l'intrusion du Qatar dans cette affaire change «*l'objectivité du procès*». « *On pourrait douter de la neutralité d'un jugement qui pourrait être soutenu par une puissance étrangère*», a-t-il conclu. Initialement défendus par des avocats commis d'office, les frères marocains ont de nouveaux avocats.

Pour l'ancien sous-directeur de la DGSE, l'implication du Qatar ne serait pas un hasard : "*Le plus important, c'est de voir que c'est un Etat étranger qui se met aux côtés de la petite délinquance qui se veut musulmane. Le Qatar a un double langage. Un langage très pro-français, pro-occidental, et un langage très en faveur d'une certaine forme d'islamisme dur du monde arabe*".

Nos très chers èmirs

Les journalistes Christian Chesnot et Georges Malbrunot dans leur livre *Nos très chers émirs* écrivent que «*Juste avant l'intervention militaire française de janvier 2013 au nord du Mali pour empêcher que les djihadistes ne fondent sur la capitale Bamako, trois avions C-130 qatariens ont retiré des hommes que Doha avait dépêchés sur place.*

Un ex-membre des forces spéciales témoigne: « *des équipes mixtes de la DGSE et du Commandement des opérations spéciales (COS) qui avaient été déployées au nord-Mali en prévision de l'intervention française ont reçu consigne de ralentir leur arrivée le* temps que les Qatariens rembarquent leurs gars. *Cela aurait fait tache qu'on se retrouve face avec des alliés. La présence des Qatariens a beaucoup irrité les militaires français et les agents de la DGSE, qui se sont demandé pourquoi on allait s'acoquiner avec des types aussi peu fiables?»*

Des djihadistes, et non des locaux, qui opéraient sous couverture d'ONG *Croissant Rouge qatarien*, ou *Qatar Charity* comme Le Canard enchaîné l'avait évoqué. Il convient de rappeler que le Qatar, par la voix du Premier ministre Hamad bin Jassem et de l'influent cheikh Youssef Qaradawi, avait fortement critiqué l'opération française au Mali.

Un haut gradé témoigne à son tour: *«Au nord-Mali, nous avons installé un radar sur une piste de Tombouctou, qui permet de faire ce qu'on appelle dans notre jargon de la «déconfliction aérienne»: c'est à dire qu'avec cet équipement, nous savons maintenant qui vole dans cette région. Eh bien, depuis qu'on l'a installé au printemps 2016, dans le cadre du renforcement de nos efforts contre les djihadistes, on a découvert que des avions immatriculés au Qatar circulaient dans le ciel du nord-Mali.»* Un général cinq étoiles remarque: *"Au Mali, Ansar al-Dine reçoit des financements du Qatar et de l'Arabie."*

Pour soutenir les révolutionnaires libyens, le Qatar favorisa des relais islamistes, auxquels l'essentiel des armes livrées par les Occidentaux est allé: *«A l'époque, se souvient un militaire, le Centre de planification et de conduite des opérations (CPCO) avait reçu instruction d'acheminer un certain nombre de matériels militaires, d'abord à Istres puis à Toulon. Des C17 Qatariens sont arrivés et ont chargé le matériel. Puis un remorqueur sans pavillon est arrivé à Toulon, sur lequel on a chargé le matériel militaire. Tout cela c'était au profit du Qatar, qui a tout livré à se miliciens de Misrata et de Benghazi. »*

Sur le terrain aussi, des frictions ont été évitées de justesse entre alliés, comme se souvient un militaire français de l'état-major : *« Nos commandos ont été à deux doigts d'affronter les forces* spéciales qatariennes en Lybie. J'ai lu le compte rendu du détachement du Commandement des opérations spéciales (COS) : les qatariens n'étaient pas dans le même camp que nous quand ils livraient des armes aux islamistes« .

«Quand on a fait l'opération en Libye, se souvient un cadre du ministère de la Défense, j'avais quelques sources de sociétés militaires privées sur place. J'avais dit au conseiller des Affaires stratégiques à l'Elysée: «tu sais que Benghazi, c'est bourré d'islamistes! » Il m'avait répondu : « C'est faux, c'est un mensonge ! On ne peut pas dire ça! » Je lui ai dit aussi : « Votre homme, Abdel Hakim Belhadj, s'est battu en Afghanistan ». Il me disait aussi « ce n'est pas vrai »

Le Canard Enchaîné a cité que la Direction du renseignement (DRM) décrit comment le Qatar finance les terroristes d'Aqmi et le Mujao, auteur de l'enlèvement de sept diplomates algériens à Gao, ville du nord du Mali, ainsi que Ansar Eddine.

«Selon les renseignements recueillis par la DRM, les insurgés touareg du MNLA (indépendantistes et laïcs), les mouvements Ansar Dine, Aqmi (Al Qaïda au Maghreb islamique) et le Mujao (djihad en Afrique de l'Ouest) ont reçu une aide en dollars du Qatar.Les prises d'otages, les trafics de drogue ou de cigarettes ne peuvent donc suffire à ces islamistes très dépensiers» commente Le canard Enchaîné.

Jean-Yves Le Drian, n'ignore aucune des mauvaises nouvelles arrivées d'Afrique subsaharienne.Et rien de l'implication de «notre ami du Qatar», formule d'un officier d'état-major, dans la «capture» du Nord Mali par plusieurs mouvements djihadistes», écrit l'hebdomadaire qui avait déjà cité des accusations portées par la direction générale de la sécurité extérieure contre «ce riche émirat pétrolier».

Le Canard Enchaîné relève la confirmation des accusations par la DRM qui décrit le Sahel, immense territoire, comme «un nouveau sanctuaire terroriste» à cause de l'activité qatarie, notamment.

«*Personne ne devrait s'en étonner*», estime Le canard Enchaîné, qui rappelle qu'en France, «*depuis trois ans, politiques et militaires sont conscients du danger*».

Plusieurs notes de la DGSE ont alerté l'Elysée sur les activités internationales de l'émirat du Qatar», ajoute l'hebdomadaire. Des notes restées lettre morte, selon le journal. «*Et sans vraiment insister, diplomatie oblige, sur le patron de cet Etat minuscule, le cheikh Hamad Ben Khalifa Al-Thani, que Sarko a toujours traité en ami et allié*», écrit Le Canard Enchaîné.

«*Les officiers de la DRM affirment, eux, que la générosité du Qatar est sans pareille et qu'il ne s'est pas contenté d'aider financièrement, parfois en leur livrant des armes, les révolutionnaires de Tunisie, d'Egypte ou de Libye*», ajoute l'hebdomadaire.

Total

L'impétueux volatile révèle que le Qatar aurait «*des visées*» sur les richesses des sous-sols du Sahel, évoquant «*des négociations discrètes*» qui auraient d'ores et déjà débuté avec Total, pour une exploitation prochaine du pétrole de la région à l'avenir!

Jean François Arrighi de Casanova, directeur Afrique du Nord de Total a ainsi fait état d'immenses découvertes gazières dans le secteur, freinant la progression du puits vers la zone pétrolière, en Mauritanie et le conduisant même à parler « d'un nouvel Eldorado».

A travers sa filiale internationale Sipex, Sonatrach a par ailleurs obtenu l'approbation du ministère des Mines nigérien pour procéder à des forages expérimentaux.

Au Mali, la filiale de Sonatrach présente depuis 2007, a acquis une prolongation de deux ans, émanant du ministère malien des Mines, pour la première phase d'exploration qui prendra fin en 2013.

www.ingramcontent.com/pod-product-compliance
Lightning Source LLC
Chambersburg PA
CBHW070839310526
45788CB00018B/2606